Carl Sternheim

El esnob

Traducción de Roberto Vivero

Ápeiron Ediciones

2025

Carl Sternheim

El esnob

Comedia en tres actos

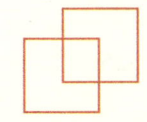

MÁSCARAS

1.ª edición, 2025

Carl Sternheim, *Der Snob. Komödie in drei Aufzügen*,
Insel-Verlag, Leipzig, 1914

© De la traducción, Roberto Vivero
© Ápeiron Ediciones

C/ Príncipe de Vergara, n.º 132, planta 9
28002 Madrid
Tfno.: (+34) 611 00 28 41
E-mail: info@apeironediciones.com
http://www.apeironediciones.com/

Diseño y maquetación: Ápeiron Ediciones
Imagen de contracubierta: Giuseppe Arcimboldo, *Cuatro estaciones en una cabeza* (ca. 1590). Fuente: Wikipedia

Papel procedente de fuentes responsables

PEFC   FSC

ISBN: 979-13-990670-9-5
Depósito legal: M-15894-2025

Personajes

Theobald Maske
Luise Maske, *su mujer*
Christian Maske[1], *su hijo*
Conde Aloysius Palen
Marianne Palen, *su hija*
Sybil Hull
Una doncella
Un criado

---

[1] Theobald y Luise Maske son los protagonistas de la comedia *Die Hose* [1911]. Christian Maske vuelve a ser el protagonista del drama *1913* [1915], donde también aparecen sus hijos, entre los que se encuentra Sofie, uno de los principales personajes del drama *Das Fossil* [1923]. *(N. del T.)*

PRIMER ACTO

Habitación amueblada de Christian Maske

ESCENA PRIMERA

CHRISTIAN *(abre una carta).*— ¡Esto es grotesco! *(En dirección a una puerta.)* Ven, Sybil.

SYBIL *(sale.)*—¿Pasa algo?

CHRISTIAN.—Mi padre, a los sesenta años, ha producido un bastardo. En esta embarazosa situación, me exige que «pague por las obligaciones en las que ha incurrido debido a sus prácticas obstétricas». ¿Qué dices?

SYBIL.—Nada salvo que me gustaría estar contigo en el mismo lugar que esa mujer con tu padre.

CHRISTIAN.—No digas tonterías. Esto clama al cielo y tendrá una respuesta inesperada por mi parte. Por otra parte… he de hablar seriamente contigo.

SYBIL.—Tengo que irme a casa.

CHRISTIAN.—El día de ayer fue un punto de inflexión en mi vida. En estos cuatro años que has vivido conmigo has visto cómo poco a poco me he ido aproximando a mi meta.

SYBIL.—Has trabajado como un negro.

CHRISTIAN.—Las minas africanas fundadas con mi colaboración prosperan, no cabe duda, la propuesta realizada ayer en la reunión del consejo de administración de nombrarme director general de la sociedad será aceptada por los accionistas.

SYBIL.—¡Qué éxito!

CHRISTIAN.—Estoy en posesión secretamente de un quinto de las acciones que compré cuando nadie las quería. Lo que ahora en mi nueva situación me espera en términos de posibilidades de enriquecimiento y posición social es brillante.

SYBIL.—¿Quién fue el primero en apreciar tu talento para los negocios y puso fin a tus triste estudios de Filología?

CHRISTIAN.—Tú me sacaste de la profunda miseria, me enseñaste a vestir decentemente, me diste, en la medida en que estuvo en tu mano, modales.

SYBIL.—¡Qué aspecto tenías con aquellos pantalones demasiados cortos y las mangas deshilachadas!

CHRISTIAN.—Te entregaste a ti misma y, en ocasiones, también dinero.

SYBIL.—Lo más importante al final: yo misma. Una cuestión vital.

CHRISTIAN.—De una vez por todas quería poner con total claridad antes nosotros cuánto te debo; echar la vista atrás en un día tan decisivo…

SYBIL.—Déjalo.

CHRISTIAN.—Con total gratitud para después compararme entre el ayer y el hoy y olvidarlo para siempre.

SYBIL.—Eso sería conveniente.

CHRISTIAN.—No entro en ningún nuevo distrito de mi vida sin pagar la deuda del pasado. En este libro he apuntado, según mi conocimiento y mi conciencia, los gastos que has hecho por mí. A la suma le he añadido un cinco por ciento de intereses.

SYBIL.—¡Christian!

CHRISTIAN.—He tenido en cuenta aquellas posibilidades de las que te has privado por tu relación conmigo y el resultado son veinticuatro mil marcos que te debo y que hoy recibirás por transferencia bancaria.

SYBIL *(tras una pausa)*.—Si es posible hablar con sentimientos...

CHRISTIAN.—Que tú misma me enseñaste a perder en asuntos cruciales, que has barrido de mí con escoba de hierro. Hoy es el día de la rendición de cuentas. ¡Ni un error en la suma y en el cálculo! Nuestras relaciones en el pasado han quedado largamente aclaradas en su carácter mediante mi sujeción económica. De cara al futuro no querría seguir teniendo ante mí tal fundamentación. En aras de la necesaria fe en la realidad de esta nueva posición, debo cambiar todo lo referente a mi persona. O sigues la consecuencia lógica...

SYBIL.—¿Que es?

CHRISTIAN.—¿Cómo lo diré? Simplemente, más distancia en el futuro. La mencionada suma y una dotación mensual establecidas entre nosotros basta con creces.

SYBIL.—Mis sentimientos están destrozados.

CHRISTIAN.—Bien, según los principios de tu enseñanza, tengo razón. Lo único que duele es verlos empelados en uno mismo. Ingreso en la vida pública. Jamás un error de cálculo.

SYBIL.—El mundo te permite una pagada...

CHRISTIAN *(le tapa la boca con la mano)*.—Etcétera.

SYBIL.—¿Soy, entonces, el único punto en tu vida que inquietaba tu futuro? ¿No hay nada que como yo en mi situación respecto de ti hasta ahora pudiese perturbarte decisivamente en tu impulso para obtener prestigio burgués?

CHRISTIAN.—Ya lo sabes.

SYBIL.—Si quieres actuar en consecuencia…

CHRISTIAN.—No lo oculto. Lo que yo mismo soy, manifestación y mundo de ideas, de eso respondo ante el mundo. Pero mis padres, lo sabes, son gente del pueblo.

SYBIL.—Por lo tanto, ahora apareces en el mundo…

CHRISTIAN.—Permite que piense mis pensamientos por mí mismo. Sabes que puedo hacerlo. Gente del pueblo. Especialmente mi buena madre.

SYBIL.—No pudieron instruirte ni sobre lo socialmente más primitivo.

CHRISTIAN.—Mi nacimiento hace que el camino que he transitado resulte especialmente inusual. Obviamente, sería un error conservar el abismo entre origen y estatus logrado sacando a la luz a los progenitores. Sería más que insensato-chabacano.

SYBIL.—Y ahora que solo veneras el buen gusto…

CHRISTIAN.—Da nada sirven ironías sobre la mala conciencia del propio pasado. ¿Qué sabe nadie de tus padres? Simplemente, los has hecho desaparecer, asesinados en silencio. ¿Quizá estuvo tu padre en la cárcel? ¿De verdad se llamaba Hull? *(Se ríe.)* Pero seguirías teniendo el encanto del que vives. Él tenía, en cualquier caso, cualidades, pues el esplendor de una hija así emanó de él. – Me has interrumpido con tu comentario. La diferencia entre origen y hoy está dilucidada. Pero es más: la conciencia de una deuda, sea la vida misma, es un punto débil en mi armadura. De la misma manera que todo en mi mundo surge de mí, de la misma manera que solo me remito a mí mismo y espero y temo por mí, con el fin de avanzar debo estar libre de consideración para con cualquiera. Y por eso temo a padre y madre.

SYBIL.—¿Qué quieres hacer? ¿Ofrecerles una suma para que se mantengan alejados?

CHRISTIAN.—Mi padre no es vergonzoso; aquí mismo la pide.

SYBIL.—Has aprendido a manejar el dinero.

CHRISTIAN.—He aprendido muchas cosas.

SYBIL.—Y dado que eres coherente, quien te quiere debe, con todo el dolor de su corazón, estar de acuerdo.

CHRISTIAN.—La misma opinión espero de mis padres. ¿Estamos de acuerdo?

SYBIL.—Ya estoy experimentando el cambio: observarte desde cierta distancia con un rastro de sumisión.

CHRISTIAN.—Las cosas no adquieren verdad cuando se dicen, sino cuando se hacen.

SYBIL.—Y claridad.

CHRISTIAN.—Cabeza lista.

SYBIL.—Te amo, Christian. Eres el error de cálculo de mi vida. Daría los veinticuatro mil por poseerte ahora.

CHRISTIAN.—Por eso mereces morir en la necesidad y la miseria. Toma un beso a cambio de nada. Me has movido la corbata.

SYBIL.—Antes ya estaba horrible.

CHRISTIAN.—Con todo lo que he aprendido de ti, tan solo esto no consigo dominarlo: ponerme la corbata de manera intachable. Muéstramelo por enésima vez.

SYBIL *(hace el nudo de la corbata alrededor del cuello de un gran jarrón)*.—En primer lugar, hacer un simple nudo.

En segundo lugar, pasar uno de los extremos por debajo del otro. En tercer lugar, tira del otro extremo.

Christian.—Sobresale un poco hacia la derecha.

Sybil.—Se corta con la tijera.

Christian.—Cada nudo cuesta una corbata.

Sybil.—Y trae consigo el reconocimiento de quienes entienden.

Christian.—Que es de lo que siempre se trata.

Sybil *(profunda reverencia)*.—Su humilde servidora, señor director general.

Christian.—Nada de bromas.

Sybil.—Lo he entendido perfectamente. *(Sale.)*

Escena segunda

Christian.—En general, una persona agradable. *(Sentado ante el escritorio.)* Pero, ahora, recuperar la sensatez. *(Escribe.)* «Estimado conde Palen, acepto con devoto agradecimiento la invitación para el día 26 del presente mes». ¿Devoto agradecimiento? Veremos. «Saludos a la condesa». Demasiado familiar. En parte, demasiado sumiso; en parte, demasiado confiado. Sobre todo no puede darse cuenta de con cuánto gusto voy. El papel no es el adecuado. Mejor una hoja con el membrete de la empresa. «Muy estimado conde von Palen». ¡Cuánto distancia el «von» intercalado! En cuanto primera expresión escrita por mi parte en este círculo, todo debe ser intachablemente correcta y, sin embargo, de alguna manera también significativa. ¿Cómo escribe él mismo? «Querido señor Maske, ¿quiere venir a comer por la noche con nosotros el día 26, *tout en petit comite*? Su». En papel corriente y barato. Esto tiene el tono de una confianza amistosa y superficial. ¡«Comer por la noche» es celestial! Mantengámonos un punto más formales, pero de manera que al menos… Me gustaría agregar un vocablo en latín que masculinice el tenor. ¿Cómo se consigue con cuatro o cinco sílabas llegar a ser importante por un momento para esos cerebros? Es una pregunta para premio, pero ha de resolverse. Una palabra con cinco sílabas con muchas vocales y ritmo ligero para empezar. *(Camina por la habitación.)* Dúm da da dum da. 'Espontáneo'. La segunda sílaba suena en mis oídos más larga que la primera. Ritmo falso. 'Prenumeración'. Tiene tono, pero, naturalmente, carece de sentido. Dúm da da dum da. Debo encontrarlo.

Tercera escena

Entra Theolbad Maske.

THEOBALD.—Aquí estoy. Madre espera abajo.

CHRISTIAN.—¡Padre!

THEOBALD.—El percance ha sucedido contra mi voluntad. Odio los golpes de efecto. Pero con las mujeres, siempre los mismos excesos. Ahora hay que afrontar la situación.

CHRISTIAN.—Desde tu jubilación, todos los años nos das una sorpresa.

THEOBALD.—No tendría que haberme salido de mi rutina. Me has llevado a la inactividad demasiado pronto. Las fuerzas no están tullidas y se dispersan por doquier en la multiplicidad. Tengo que encontrar una manera de encauzarlas.

CHRISTIAN.—Antes de nada, le diré a madre que suba

THEOBALD.—Resolvamos primero nuestro asunto.

CHRISTIAN.—Lo pondremos en orden con todo lo demás sin que nadie se entere.

THEOBALD.—¿Cómo?

CHRISTIAN.—En nuestras conversaciones se mencionará una cantidad.

THEOBALD.—¿En qué medida? ¿Cuánto es?

CHRISTIAN.—Hablo de una cantidad de varios miles. Puedes añadir –si durante nuestra conversación lo acordamos de otra manera– tácitamente mil marcos para tu situación apurada.

THEOBALD.—¿Pones condiciones?

CHRISTIAN.—Pongo condiciones.

THEOBALD.—Las espero con curiosidad.

CHRISTIAN *(junto a la ventana)*.—Allí está. *(Hace una seña.)* Me ha visto, ya viene. ¡Pero qué vestido imposible! Dijiste al principio una palabra que me llamó la atención.

THEOBALD.—¿En qué sentido?

CHRISTIAN.—Tenía otro ritmo, pero resonaba. Recuérdamelo más tarde, dentro de un rato…

THEOBALD.—¿Mil marcos?

CHRISTIAN.—Si no podemos solucionarlo de otra manera. *(Sale.)*

THEOBALD.—Estoy impaciente.

Escena cuarta

Entran Christian y Luise Maske.

THEOBALD.—Ponte el sombrero derecho, Luise. Lo tienes sobre la frente como si fuese el gorro de una asociación estudiantil. Queremos mudarnos aquí, a la gran ciudad, me introduciré en ella de alguna manera y me mantendré vivo por dentro.

LUISE.—Es una idea de tu padre.

CHRISTIAN.—En una época en la que toda mi atención está dirigida a la meta que persigo, no podría dedicaros ni un momento libre.

LUISE.—Por supuesto… Ya lo había pensado.

THEOBALD.—Últimamente estamos acostumbrados a que te preocupes poco de nosotros. ¿Qué meta es esa?

CHRISTIAN.—Tengo la intención de convertirme en director general de la sociedad para la que trabajo.

LUISE.—¡General!

THEOBALD *(le increpa).*—¡Director!

CHRISTIAN.—Si quiero conseguir algo extraordinario, debéis mostrar respeto, y este respeto exige sobre todo…

THEOBALD.—Permíteme… Durante veinte años nos hemos desvivido por ti, te hemos dado una formación que salta a la vista. A veces no había ni asado de los domingos. Porque te queríamos a rabiar.

LUISE *(en voz baja, a sí misma).*—Director general.

CHRISTIAN.—Dúm da da…

15

THEOBALD.—Nos sacrificamos para que pudieses entrar en un mundo mejor. Han pasado años hasta ahí y hoy así están las cosas: si aún queremos algo de ti, tenemos que darnos prisa.

CHRISTIAN.—Quiero despejar de inmediato un grave error: desde mis dieciséis años, no conozco ningún sacrificio por vuestra parte para conmigo.

THEOBALD.—¡Esto es demasiado!

LUISE.—¡Padre!

CHRISTIAN.—Tengo desde siempre en el recuerdo cómo ocupabas cuatro quintos de la casa, todos los pensamientos giraban a tu alrededor. Ya en el instituto me mantenía dando clases particulares, mis estudios y mi futura vida los pagué yo mismo. Quien obligó a un hijo de diecisiete años a tomar su comida de pie delante de su padre…

THEOBALD.—A rabiar te quería. Eras un pequeño delicioso. ¿Verdad, madre?

LUISE *(hace un gesto)*.—Muy pequeño.

CHRISTIAN.—Siempre te has ocupado de ti mismo, no te has fijado en mi vida hasta el día de hoy. En los últimos tiempos puede que te haya llamado la atención un cambio, que salta a la vista, en mi estilo de vida.

THEOBALD.—Esto es agotador. En resumen, ¿de qué se trata?

CHRISTIAN.—Me visitáis el día en el que hago balance con el pasado. No quiero deudas.

LUISE.—¿Qué quiere decir?

THEOBALD.—Ahora lo oirás.

CHRISTIAN.—En este libro he anotado lo que, según recuerdo, habéis empleado en mí. A la suma le he añadido un cinco por ciento de intereses.

Theobald.—¿Quieres un recibo?

Christian.—Sí.

Theobald *(se sienta)*.—Veamos. *(Se pone las gafas.)*

Luise.—¿Qué es eso?

Christian.—Ahora lo sabrás, madre.

Theobald *(lee)*.—«Vivienda del primer al decimosexto año: seiscientos marcos al año». Seiscientos marcos incluyendo médico y farmacia es un poco pobre.

Christian.—No estuve enfermo.

Theobald.—Se me vienen a la mente sarampión y congestión nasal. Todavía veo tu nariz siempre llena de mocos. Usábamos enjuagues de manzanilla.

Luise.—Una mañana tuviste cuarenta grados, se me paró el corazón.

Christian.—La presente suma es suficiente.

Luise.—Manchas rojas circulares por todo el cuerpo.

Theobald.—Dieciséis por seiscientos son nueve mil seiscientos marcos. Mira. «Asignaciones extraordinarias». ¿Cómo vas a recordar todas las asignaciones durante dieciséis años? Son legión. La cantidad es dudosa desde el principio.

Christian.—A lo que os he dado últimamente no encontrarás ninguna contrapartida.

Theobald.—Eso estaría aún mejor.

Christian *(aparte)*.—Daría cualquier cosa por la palabra. *(Mira fijamente la carta que está sobre el escritorio.)*

Luise *(tímidamente, a su hijo.)*—Y una vez, una úlcera en el cuello.

Christian.—Cierto, mamá.

THEOBALD.—Media docena de camisas más cuellos, dos pares de botas, cuando fue a la universidad: cincuenta marcos. Un anillo de oro… ¡Hasta aquí! La mujer le dio el anillo al niño. Y por aquel entonces yo removí cielo y tierra para encontrarlo.

CHRISTIAN.—Era propiedad de la madre y su salvoconducto en la vida.

THEOBALD.—Pagado con cien marcos.

LUISE.—¿Aún lo llevas puesto?

CHRISTIAN *(lo muestra en su dedo)*.—Aunque cada día me aprieta más.

THEOBALD.—En cualquier caso, un gran asunto y puramente Luise. Suma final: alrededor de once mil. Más intereses, once mil ochocientos marcos.

CHRISTIAN *(con énfasis)*.—Once mil ochocientos. *(Se aclara la garganta.)*

THEOBALD.—Entiendo. ¿Eso me quieres pagar?

CHRISTIAN.—Lo que te debo.

THEOBALD.—¿Quieres enjugar la deuda?

CHRISTIAN.—Pagaré.

LUISE *(con la mano de su hijo entre las suyas)*.—Se puede aumentar.

THEOBALD.—¡Mira! A eso llamo yo noble, mi querido joven. Por otra parte, cómo manejas la historia. *(Lo abraza.)* Hay en esto algo enérgico y sin duda lo apreciamos. Por lo tanto, estaríamos completamente de acuerdo.

CHRISTIAN.—Expresaste la intención de mudarte aquí. Yo no quiero eso.

THEOBALD.—¿Me estás dando órdenes?

CHRISTIAN.—Con el pago del dinero te he hecho un favor y espero otro por tu parte.

THEOBALD.—Lo tenía en mente.

LUISE.—El joven debe de tener motivos.

THEOBALD.—¡Esta mujer me saca de quicio! En su presencia no es posible ninguna palabra sensata.

CHRISTIAN *(acompaña a Luise a la puerta).*—¿Quieres ver cómo vivo y duermo habitualmente, madre?

LUISE *(en voz baja).*—Quédate tranquilo, todo se hará como quieres. *(Sale.)*

CHRISTIAN.—Vuestra presencia aquí, tal y como ya he dicho, disipará fuerzas que ahora necesito.

THEOBALD.—¿Es la condición para los once mil ochocientos etcétera?

CHRISTIAN.—Requisito.

THEOBALD.—Hay que pensar en esta cuestión: ¿dónde está finalmente nuestro beneficio? Pues una vez dejado de lado el rabioso amor, uno tiene que vivir en zonas seguras. ¿Qué renta produce la cantidad?

CHRISTIAN.—Seiscientos marcos en bonos industriales.

THEOBALD.—¡Dios te ha abandonado! La caja de ahorros se queda con mi dinero.

CHRISTIAN.—Alrededor de quinientos.

THEOBALD.—No es copioso. Once mil se puede aceptar. Quinientos es nada, ¿y para eso se supone que he de renunciar a mi libertad, el único bien del hombre humilde? Tienes que pensarlo con calma, sopesa razones y contraargumentos. No… Si de verdad te prometiese con mi palabra de hombre que nos quedamos donde estamos…

CHRISTIAN.—Yo no quiero eso.

THEOBALD.—Tú no quieres eso; ¿ni esto ni aquello? Santo cielo, ¿qué está pasando aquí?

CHRISTIAN.—Tu asalto por sorpresa de hoy demuestra que tampoco en el futuro estaría a salvo de vuestras visitas.

THEOBALD.—¡Asalto por sorpresa! ¡Esas tenemos!

CHRISTIAN.—En el sentido explicado. Mi vida está ante un giro radical. Debo, sobre todo por ahora, estar libre de obligaciones familiares.

THEOBALD.—¡Esto no tiene precedentes en la historia del mundo! ¿Y nosotros, que por ti nos hemos quitado el pan de la boca, que acumulamos sacrificio sobre sacrificio a pesar de tus objeciones? Pues ¿resulta posible pensar en padres sin sacrificios? ¿Acaso cada respiración de un rango tan pequeño no supone la merma en parte del disfrute de los padres? ¿No perturba su sueño, su almuerzo, todas y cada una de sus comodidades? Pero siempre tiene un defecto que con inconvenientes y gastos ha de repararse. Ora expele por delante, ora no lo hace por detrás. Además de una serie de estúpidas celebraciones que hay que soportar. *(A Christian, que en silencio se sienta en una butaca, en voz alta.)* ¡Bonito amor filial este! *(Da un fuerte puñetazo en una mesa.)* ¡Bonito amor filial!

LUISE *(asoma la cabeza por la puerta y, sin que Theobald la vea, le hace señas a Christian para que se tranquilice).*—Yo me encargo.

THEOBALD.—¿Qué? *(Al seguir Christian en silencio, se sienta en una silla lejos de él y dice con calma:)* De haber sabido esto, te hubiese ahogado durante tu primer baño. *(Pausa.)* Y estamos a más de cien kilómetros de ti. Este es el célebre amor filial. Sí, sí. *(Suelta una risotada.)* ¡Ja! ¿Y en términos prácticos? ¿Qué piensas en la práctica sobre el asunto? Si nos las arreglamos en las habituales circunstancias con mi pensión y con los quinientos, nadie nos obligará a asumir sin un equivalente las incomodidades de la mudanza y las dificultades de fundar un nuevo hogar.

Christian.—A eso no os obligará nadie.

Theobald.—Sin un significativo equivalente. ¿Quién querrá permitírselo?

Christian.—Bajo determinadas circunstancias, yo.

Theobald.—Mira.

Christian.—Si en un principio no te mudas a América, también en Europa tenemos toda una serie de magníficas ciudades caracterizadas por su belleza paisajística y las ventajas económicas.

Theobald.—¡¿Qué?!

Christian.—Bien, bien. *(Ha cogido un atlas grande y una guía turística.)* Por ejemplo, se podría sopesar Bruselas. *(Lee en la guía.)* «Bruselas, capital del reino de Bélgica, con ochocientos mil habitantes. La ciudad está ubicada en la fértil región a orillas del Senne, un afluente del Escalda. La parte alta de la ciudad, con sus edificios estatales, es el lugar de residencia de la aristocracia y la clase noble».

Theobald *(cómodamente sentado y escuchando con atención).*—No está mal, enséñame el libro. *(Lee en voz alta.)* «Y la clase noble. Lengua y costumbres francesas». ¿Y tú crees que un alemán de pura cepa se permitiría adoptar costumbres meridionales? ¡Basta!

CHRISTIAN.—En lo que primero pensé fue en Zúrich. Una residencia completamente ideal, un pequeño paraíso desde cualquier punto de vista. Y el idioma es el alemán.

THEOBALD.—Escuchemos algo sobre ello.

CHRISTIAN *(lee en otro volumen)*.—«Con cerca de doscientos mil habitantes, Zúrich es la más importante ciudad de Suiza a orillas del lago de Zúrich y del sempervirente Limago».

THEOBALD.—También del abeto se dice que es sempervirente.

CHRISTIAN.—«En el lado occidental fluye el Sihl, impetuoso en primavera».

THEOBALD.—Esto ya es superfluo. Agua habría bastante. Lástima que no sepa nadar.

CHRISTIAN *(lee)*.—«El emplazamiento de la ciudad es magnífico junto al lago de aguas cristalinas, cuyas orillas ligeramente pendientes están sembradas de casas altas, huertos frutales y viñedos».

THEOBALD.—Coqueto.

CHRISTIAN *(lee)*.—«Al fondo, los Alpes nevados; en el extremo izquierdo saluda la imponente cresta del Glärnisch». *(Señala en el atlas.)* ¡Este punto blanco de aquí!

THEOBALD—¡Demonio!

CHRISTIAN *(lee)*.—«La cocina es buena. La población, ruda e íntegra».

THEOBALD.—Por así decirlo.

CHRISTIAN.—Además de excursiones en los impresionantes alrededores.

THEOBALD.—Puro Canaán.

CHRISTIAN.—Lucerna e Interlaken y, en fin, toda la comarca alpina estará a tu alcance, en cierto modo serán tu propiedad. ¿Tienes idea de lo que significa un resplandor alpino?

THEOBALD.—¿Qué más?

CHRISTIAN.—Un espectáculo natural de fulminante magnificencia, un *non plus ultra*. En Zúrich podría, con la condición de que vosotros me dejáis los próximos años solo para mí, redondear tus ingresos hasta alcanzar una renta suficiente.

THEOBALD *(tras una pausa)*.—Tengo cuitas puramente humanas.

CHRISTIAN.—Omite todo comentario.

THEOBALD.—Uno ha de expresarse.

CHRISTIAN.—La vida de un hombre de mi tipo se compone de hechos. Con conversaciones me obstruyes. Detrás de estas espero lo importante.

THEOBALD.—Hoy cumplo sesenta años, tu madre casi está en los mismos. No hemos tenido muchas cosas buenas en nuestra vida, tampoco estaremos mucho tiempo junto a ti en este mundo.

CHRISTIAN.—¿No adviertes que ante cosas más poderosas este tono carece de fuerza impresiva? Ya llega la hora en la que, explicándose cada detalle, podamos hablar tranquilamente sobre ellas. Ya no se puede perder tiempo. Dos mil cuatrocientos francos anuales desembocarán a través de mí en tus ingresos. En tres semanas habréis hecho la mudanza. Presto, padre, me arde la sangre. La lucha por un lugar bajo el sol es feroz; los hombres, innúmeros. Allí donde dejo un palmo, avanza una legión.

THEOBALD.—Estoy completamente atónito. Jamás había visto una criatura semejante. ¿Cómo he de actuar ante estas novedades, cuándo veré dónde se muestra para mí en ello el más alto sentido?

CHRISTIAN.—Aquí, ahora. Te doy cinco minutos.

THEOBALD.—De esa manera, te seguiré indeciso y seré como un corderito y un medio ebrio.

CHRISTIAN.—¡Confía!

THEOBALD.—¿Dónde está para mí el sentido más elevado?

CHRISTIAN.—Más tarde. ¿Hecho, padre?

THEOBALD.—¡Por Jove! Mi mundo carece de orden y concierto.

CHRISTIAN.—Dos mil cuatrocientos, eso son mil novecientos marcos.

THEOBALD.—Y quinientos… Eso hace junto con lo mío unos cinco mil seiscientos.

CHRISTIAN.—Siete mil francos. *(A la puerta.)* ¡Madre!

THEOBALD.—¿A orillas del Limago? Estoy pasmado.

CHRISTIAN *(le da el atlas y la guía de viaje).*—Infórmate.

LUISE *(entra; en voz baja a Christian).*—Yo me ocuparé de que se haga todo. Este pañuelo en tu mesita de noche, esa lencería, encajes y batistas… Ah, Christel, ten cuidado con las mujeres. Seducción para el placer, lo sé, a todos les sucede alguna vez. Pero luego se tienen hijos y se llega a director general y orgulloso puede decir ante Dios: ¡mi madre era inmaculada!

THEOBALD *(desconcertado).*—¡Entre tiroleses!

LUISE.—Eso también es algo. Una magnífica recompensa.

CHRISTIAN.—Sin duda, madre. *(La abraza.)*

LUISE *(mientras salen).*—Mi Christel.

Salen Luise, Theobald y Christian.

Escena quinta

CHRISTIAN *(regresa rápidamente).*—En un momento dado, casi tuve la palabra. *(Mira la carta.)* Lo dijo en relación con su prematura jubilación, y que ahora sus fuerzas se dispersan… ¿Dónde, dónde? En la… ¡multiplicidad! ¡Ella es! *(Escribe.)* «Multiplicidad de tareas, estimado conde Palen, me impiden, lamentablemente, aceptar su amable invitación». Se ha convertido en una renuncia, pero quién sabe si no será lo mejor.
Suena el timbre. Sale.

Escena sexta

Inmediatamente después, entran Christian y el conde Palen.

CONDE.—He venido a hablar de nuevo personalmente con usted sobre la planeada cuestión de su nombramiento. El consejo de supervisión debe, antes de proponérselo con validez a los accionistas, saber con todo detalle qué puede esperar de usted la sociedad. Como enemigo de confrontaciones de negocios, le pedí al barón Rohrschach que se encargase de la visita, pero se consideró más oportuno que lo hiciese yo, pues mi relación con usted es más estrecha.
CHRISTIAN.—Gracias, conde.

Conde.—Las Minas Monambo son el negocio de un pequeño grupo de hombres que viven bajo las mismas convicciones. Si bien ahora los negocios y la visión sobre la sociedad no van sin más de la mano, es no obstante comprensible que en la cúspide de la empresa se quiera a un hombre cuya completa filosofía de la vida coincida con la nuestra. *(Christian hace una inclinación.)* Creemos haber encontrado en usted a alguien en quien a la competencia une un don más inusual, poseer la sensibilidad de los valores del gusto refinado logrado a través del culto, algo que es especialmente apropiado allí donde la brutal verdad de los números exige un significativo contrapeso. *(Christian hace una inclinación.)* Con frecuencia se ha expresado ante mí sobre cuestiones de la vida en un sentido que coincide plenamente con la opinión de nuestro círculo y que casi lo supera en agudeza. Con el vocabulario del partido liberal, lo definiría como aristocráticamente reaccionario, *(ríe)* y, de hecho, lo que más me impresionó fue que la energía de su discurso parece indicar que es algo muy serio para usted. ¿Es así?

Christian.—Así es.

Conde.—Curioso. Da que pensar. Estoy impresionado. Usted procede de una excelente familia. Su educación es perfecta incluso en el sentido de que ha reconocido, sobre la base de ciertas evidentes peculiaridades que nosotros adquirimos, que lo correcto es lo discretamente uniforme. Se trasluce en los gestos, pero también en cómo se lleva una corbata. En resumen, lo que nos falta es que nos dé algún tipo de garantía por su parte, la puesta por escrito en una frase vinculante que podamos presentar a los interesados como su confesión.

CHRISTIAN.—Entiendo.

CONDE.—Para un Rohrschach, el título 'barón' no significa sino esta frase, suponiendo que el hombre no sea un desclasado. Determinadas garantías en determinadas direcciones. En el caso de la burguesía, hazañas relevantes de sus antepasados pueden servir como garantía condicional.

CHRISTIAN.—Lo cual no es mi caso.

CONDE.—Lo que en absoluto supone una censura. Incluso en familias con un alto prestigio burgués, uno se conforma con este bien que abarca a todos sus miembros. Es suficiente que encuentre la palabra cautivadora en la superioridad social atesorada en usted por sus antepasados. No tengo el placer de conocer a su señor padre, a sus progenitores, en resumen...

CHRISTIAN.—Muertos. Todos muertos.

CONDE.—Y con satisfacción puedo decir que usted me basta como representante. ¿Lo veo conmovido?

CHRISTIAN.—Lo estoy, conde, en el momento en el que puedo, en el que debo expresar lo que desde la juventud arde en mi corazón: jamás tuve otro anhelo que ser como aquellos que también exteriormente, de manera visible, están bajo la égida de un diploma nobiliario, ostentan la nobleza de las hazañas de sus antepasados, ser aceptado por ellos como ayudante para poder cumplir los principios cuyos representantes históricos son. No me corresponde enumerar los sacrificios que he hecho con este fin, pero estoy dispuesto a jurarle que mi vida terrenal está consagrada únicamente a ello.

CONDE.—Es usted una persona magnífica, de una pieza. Acaba usted de convencerme. Se lo agradezco. Puede confiar en su nombramiento. ¿Me permite fumar? ¿Aceptará mi invitación para el viernes?

CHRISTIAN.—Es decir…

CONDE.—¿Ajá?

CHRISTIAN.—Está bien… A pesar de la multiplicidad de mis tareas.

CONDE.—No cesa usted de trabajar. En mi hija Marianne encontrará usted una persona a la que agradará un carácter como el suyo.

CHRISTIAN.—De los considerables dones de la condesa mucho he oído hablar.

CONDE.—*Enchanté*, querido Maske.

CHRISTIAN.—Le ruego acepte mi agradecimiento, señor conde.

CONDE.—¿Señor conde? Así que también sentido para los matices.

CHRISTIAN.—Sobre la base del presupuesto de cierta uniformidad.

CONDE.—Ingenioso y encantador, querido amigo. *(Sale.)*

CHRISTIAN *(que lo ha acompañado hasta la puerta, regresa, mira fugazmente en el espejo y empieza a ponerle una corbata a un jarrón).*—En primer lugar, hacer un simple nudo. En segundo lugar, pasar uno de los extremos por debajo del otro. En tercer lugar, tira del otro extremo. Y ahora, la tijera. *(Corta.)* Lo que te escandaliza… tu ojo izquierdo, arrójalo. Esta corbata está perfecta. ¡Conseguido!

SEGUNDO ACTO

Salón en casa de Christian Maske.

ESCENA PRIMERA

CONDE.—Por lo que ha dicho el criado, regresará enseguida.

MARIANNE.—Hemos llegado diez minutos antes de la hora convenida. Eso es el Corot.

CONDE.—El cual nos proporciona el pretexto para nuestra visita.

MARIANNE.—Un hermoso cuadro. Una suerte poder vivir con cosas así.

CONDE.—Puede llegar a ser tuyo.

MARIANNE.—¿Como su esposa? ¿Lo dices en serio, padre?

CONDE.—En serio, Marianne. ¿No nos ocupa a ambos desde hace semanas la idea sin que la hayamos discutido? El comportamiento del hombre se ha vuelto últimamente tan imperioso...

MARIANNE.—¿Me ama?

CONDE.—¿Y si lo planteamos de otra manera? ¿Lo aceptarías si no poseyera la riqueza que nos salvaría de una serie de difíciles situaciones?

MARIANNE.—No puedo responder a esa pregunta. Cuando lo trajiste la primera vez, apenas sabía quién era; lo ignoraba todo sobre su situación. Mis sentimientos decidieron libremente. Siento cómo todo aquello sobre lo que él ejerce su voluntad finalmente debe rendirse con la felicidad con la que uno se inclina ante una fuerza de la naturaleza.

CONDE.—*Tiens!*

MARIANNE.—Sí, querido padre, aquí radica la decisión para Marianne.

CONDE.—Había supuesto que tendrías que vencer resistencias en ti.

Marianne.—Siguen todas invictas. No nos acercamos, nuestra conversación nunca se sale de las convenciones, pero sentí, cuando se acercaba a mí y mi persona se alzaba en un ataque de asombro, cómo él, precisamente él y solo él podía derrotarme por completo.

CONDE.—Siento con él un resquemor.

MARIANNE.—¿Por qué? ¿Acaso conoces algún rasgo de él que no sea correcto?

CONDE.—No.

MARIANNE.—¿Vive según nuestros principios?

CONDE.—Completamente. Pero precisamente por eso al final hay algo que inquieta. Lo observo desde hace dos años, y lo que al principio me conmovía, ahora casi me horroriza. ¿Realmente este burgués sigue a su naturaleza, vive nuestra vida, en qué nos diferenciamos de él? Ya sabes que para mí la nobleza es un produzco de la crianza según valores que tienen su esencia en el tiempo y que, por lo tanto, no se consiguen en una generación. Como el duque de Devonshire, envidiado por un advenedizo por el magnífico césped de su jardín, y que preguntado por un consejo para sus cuidados, dio por respuesta que para conseguirlo de esa manera no había que hacer nada más que estregar bien el césped por la mañana temprano durante un par de siglos. *Voilà*. En toda mi vida he tenido que intentar lograr nada extraordinario, solo era un noble con conciencia de las singularidades innatas. Si este hombre revela que no se necesitan ancestros para poseer ciertos bienes invaluables, estoy negado ante mí mismo en mi significancia.

MARIANNE.—¿No puede una mente extraordinaria captar la suma de lo que nos es peculiar y a través del tenaz trabajo en sí mismo puede lograr el lento proceso de ennoblecimiento a través de generaciones?

CONDE.—La posesión, sea del tipo que sea, se adquiere. Si carece de este distintivo, se toma prestada, y llega el momento en el que una luz desfavorable, cualquier adversidad, revela la impostura. Ese momento es el que espero con este hombre.

MARIANNE.—Por consiguiente, también tú estás involucrado en su vida.

CONDE.—No para ser vencido por él, sino para descubrir en él la herida abierta que lo derriba. Sí, incluso, si llega el caso, para infligírsela.

MARIANNE.—Entonces, el destino podría decretar que yo estuviese contra ti.

CONDE.—¡Dios lo impida!

MARIANNE.—Impídelo tú. De este hombre recibo la primera sensación plena de mi vida. Pero revolotea sin resolverse y con la felicidad se mezcla la resistencia. Un bendito secreto que, naturalmente, quiere ser descubierto pero no guiado.

CONDE.—¿Pero no se desenmascara ante nuestros ojos?

MARIANNE.—Al contrario, nos resultará cada vez más impenetrable y sorprendente. Las pocas señales que tengo sobre su persona me aportan la certeza de que es extraordinario y está más allá de nuestra previsión.

CONDE.—¡Marianne!

MARIANNE.—Así lo creo, así lo siento, padre. Pero pase lo que pase, tú me has permitido vivir una maravillosa juventud. Veinticinco felices años he vivido gracias a tu bondad.

CONDE.—Fui demasiado indulgente.

MARIANNE.—Y seguirás siéndolo.

CONDE.—Solo hasta el límite de lo posible.

MARIANNE (*enfática*).—El amor trasciende los límites.

ESCENA SEGUNDA

CHRISTIAN (*con ropa de montar, entra rápidamente*).—Estimada condesa. Conde. Al menos puedo decir en mi defensa que el ministro de colonias me ha entretenido, quería mi consejo.

CONDE.—No cesa de elogiarlo y próximamente quiero presentarlo a nuestra graciosa Majestad.

CHRISTIAN.—Para resolver su cuestión se habría requerido genio, algo que yo no poseo. La enorme responsabilidad en temas que conciernen al bienestar del Estado quebranta la fuerza de toda opinión cuya conciencia no esté en Dios.

CONDE.—*Magnifique!* ¿Qué montará hoy?

CHRISTIAN.—Un encantador vástago de *Miss Gorse*. ¿Le gusta el cuadro, condesa?

MARIANNE.—Carezco del juicio necesario para estas cosas. Pero me conmueve.

CHRISTIAN.—No es una de las obras maestras de Corot, pero sus valores y su tonalidad son únicos.

CONDE.—¿Es capaz de determinar algo así?

CHRISTIAN.—A lo largo de mi vida he visto entre doscientos y trescientos cuadros del pintor.

CONDE.—¿De dónde saca el tiempo?

CHRISTIAN.—Apenas lo necesito. Poco más que un destello me llegó desde el primer lienzo. Pero prendió y me dio vida para el resto. *(A Marianne.)* Así sucede con todas las cosas.

CONDE.—Tenemos que irnos. *(A Marianne.)* Habías dicho que vendrías a casa de los Friesen a las once y media.

CHRISTIAN *(al conde).*—¿Acompañará a la condesa o puedo pedirle un par de minutos?

CONDE *(a Marianne).*—¿Me necesitas?

MARIANNE.—Quédate.

CHRISTIAN *(a Marianne).*—La acompaño al coche.

Salen Marianne y Christian.

ESCENA TERCERA

CONDE *(coge un libro de una mesa).*—*Almanaque de Gotha. Libro genealógico de los condes.* Se ha instruido. *(Hojea y lee.)* «Palen. Antigua nobleza westfaliana, documentada por primera vez en 1220 con Rütger Palen. Augustus Aloysius y Elisabeth, condesa de Fürstenbusch, fallecieron en Ernegg el 16 de julio de 1901». Mi querida Lisbeth. «Hijos: Friedrich Mathias, último descendiente de nuestra familia, y Marianne Josefa, quien ahora se casa con un tal Sr. Maske».

CHRISTIAN *(entra)*.—La condesa espera poder recogerlo alrededor de las doce. Conde Augusto von Palen, solicito la mano de su hija Marianne en matrimonio.

CONDE.—Habiendo planteado la petición de manera tan concisa la habrá ponderado detenidamente en todos los aspectos.

CHRISTIAN.—Tanto como usted la respuesta con su hija.

CONDE.—En absoluto. No conozco la decisión de la condesa de manera incondicional

CHRISTIAN.—¿Qué la condiciona? Disculpe, primero su opinión.

CONDE.—Por mi parte estoy en contra de la unión. Pero mi opinión solo ha de escucharse y carece de influencia decisiva. ¿Contaba usted con mi consentimiento?

CHRISTIAN.—Sentía su fuerte oposición.

CONDE.—Aunque lo admiro, tuve que distanciarme cada vez más de usted. La condesa, por otra parte, parece, la verdad sea dicha, un poco conquistada por usted.

CHRISTIAN.—¿Debería exponer con más detalle mis circunstancias externas?

CONDE.—Conozco su trayectoria por propia experiencia, todos los sorprendentes éxitos de tipo financiero y social. De su gran futuro estoy firmemente convencido.

CHRISTIAN.—¿Da mi carácter motivos para la duda?

CONDE.—No tiene puntos débiles.

Christian.—¿Puedo preguntar?

CONDE.—Francamente: prejuicios de clase.

CHRISTIAN.—Gracias. Tenía que ser eso. Precisamente ese aislamiento interno es una característica de su círculo que admiro. Dirigida solo contra mi persona, me habría herido más.

CONDE.—Pero no puede ser al mismo tiempo admirar y atacar un principio.

CHRISTIAN.—Amo a su hija.

CONDE.—¿Se casaría con ella aunque no fuese la condesa Palin?

CHRISTIAN.—No lo sé; como alto atractivo es indivisible.

CONDE.—Suponiendo que la condesa acepte su petición. (CHRISTIAN *hace un movimiento involuntario que delata su emoción.*) Hasta este momento, creía conocerlo. Ahora que surge la posibilidad de acercarse más a nosotros, veo lo extraño que usted sigue siendo.

CHRISTIAN.—Con gente como nosotros no se tienen los medios para saber en un libro la caballeriza de la que se procede. Se anda a tientas en un asunto oscuro.

CONDE.—En realidad, salvo en contadas excepciones, el nombre civil deja en el anonimato a quien lo lleva. Al no registrarse, pasa inadvertido y sus actos, sin ser observados. Los que estamos registrados en este libro llevamos nuestra vida bajo la mirada de nuestros clanes, y la renuncia a una vida libre en la masa anónima nos da el derecho a ver nuestros méritos reconocidos y recompensados.

CHRISTIAN.—Sin duda. Pero a quien tenga la inquebrantable voluntad de asumir las consecuencias de tales opiniones se le debería permitir el ingreso en la comunidad.

CONDE.—Solo el tiempo proporciona el carácter inquebrantable a las generaciones.

CHRISTIAN.—Esta disposición también se observa en ascendencias burguesas.

CONDE.—¿Sus padres, abuelos?

CHRISTIAN.—Funcionarios. Preparados por la conciencia de servir al Estado. Solo pequeños funcionarios. Mi padre…

CONDE.—El origen humilde revela el mérito personal de la manera más significativa, como el Emperador volvió a recordarnos hace poco. El caso del ministro de correos, que procede del mismo medio que usted, es el más ilustrativo.

CHRISTIAN *(riendo a carcajadas)*.—En general, los padres pobre pero pulcramente vestidos empiezan a aparecer por todas partes.

Conde.—En efecto. Ahora conocemos nuestras opiniones. La decisión no depende de nosotros. Esperemos. Pero he de añadir: mi hija no aporta ninguna dote al matrimonio. Usted se ha enriquecido, nosotros perdimos toda nuestra fortuna y nos limitamos a concederle a mi hijo la asignación que exige el regimiento.

CHRISTIAN *(hace una inclinación)*.—Huelga hablar sobre eso.

EL CRIADO *(entra)*.—El coche de la condesa.

CONDE.—Le comunicaré la decisión. *(Sale.)*

ESCENA QUINTA

CHRISTIAN.—Ahora podría haber dicho: viven en Zúrich. Preparado y avergonzado por la confesión de su falta de recursos, se lo habría tragado y ellos habrían quedado oficialmente

36

presentados. Ahora hay que esperar una nueva oportunidad, pero tengo la impresión de que está completamente en mi poder. ¿Por qué esperar, entonces? Tienen que venir. ¡De inmediato! Y cuando llegue el momento, presentarlos personalmente. *Mediam in figuram* a todos. ¡Ya veremos! ¡Cómo se alegrarán mis padres! *(Escribe y lee.)* «Venid en el próximo tren. Os espera aquí la más dichosa sorpresa». *(Toma un timbre.)* Desde el coche con el que iré a recogerlos a la estación hasta su propio baño en sus aposentos todo les provocará un gran asombro. *(Entra el criado.)* Envíe de inmediato el telegrama. *(Sale el criado.)* Madre debe tener también su almohada cervical en la cama. Cuando antes de dormir piense en lo que ella y yo hemos soñado sobre mi futuro y en cuánto aún mejor es la realidad, habrá de sentir la plenitud de su vida. Se adaptarán rápidamente. Los peores modales desaparecerán pronto y el sastre y la modista harán el resto.

Escena sexta

Entra Sybil.

CHRISTIAN.—Pequeña, estoy feliz. ¿Sabes quién viene?

SYBIL.—Los padres.

CHRISTIAN.—¿Quién te lo ha dicho?

SYBIL.—La necesidad. Dos años, desde su marcha, y sigues colgado del anzuelo de tu anhelo. Sabía en quién pensabas antes de quedarte dormido. Por qué, cuando hablabas de grandes ganancias, tus ojos temblaban. A través de la separación espacial, a tu manera te has obsesionado completamente con los ancianos. Al final, no expresabas nada sin mencionar simbólicamente a alguno de ellos.

CHRISTIAN.—Los extrañé muchísimo.

SYBIL.—Al final te has procurado a ti mismo la convicción.

CHRISTIAN.—Madre y yo siempre fuimos uña y carne. Su mundo era yo. Era un pequeño rey para ella. Afirmó de antemano mi futuro. Solo teníamos que mirarnos pensando en eso y nos reíamos. El padre era como el acompañamiento en contrabajo.

SYBIL.—¿No has encontrado conmigo la misma confianza incondicional?

CHRISTIAN.—Pero tú querías agradecimiento. Sin embargo, aquí hay una persona nunca reconocida, siempre feliz por mí.

SYBIL.—Por eso tu padre durante este tiempo se ha comportado desvergonzadamente contra ti. En la convicción de poder amedrentarte mediante su aparición, te extorsionó una y otra vez las cantidades que necesitaba.

CHRISTIAN.—En total, no mucho más de unos pocos miles.

SYBIL.—Si hubiese tenido otra idea de tu nueva vida, lo habría abordado de otra manera. De haber visto la realidad, lo habría hecho de manera amistosa.

CHRISTIAN.—Lo hará. No deseo otra cosa. Esto es lo demoníaco en estas generaciones cuyas raíces todavía se hunden superficialmente en la tierra, que el todo no se siente unido, que no respira y se mueve con un solo impulso desde un solo centro. Uno celebra un festín mientras otro se muere hambre. Pero si el pensamiento está vivo, brota de un tronco, está aún unido a él a través de las más finas venas, si nuestro bienestar depende de su salud, entonces nos alegramos de toda felicidad que llegue a sus ramas.

Sybil.—Ese pensamiento es terriblemente anticuado, no pertenece a nuestra época.

Christian.—¿Puedes afirmar eso, muchacha? ¿Sabes más que yo sobre las conmociones de esta época? Porque te embriagas con las frases de la socialdemocracia que te llenan por completo los oídos con el derecho que incluso el más miserable tiene.

Sybil.—Veo la realidad. Millones que para saciar su hambre deben recurrir a quienes les cierran el acceso al pan.

Christian.—Luchas por la existencia. Yo también las he vivido y de manera completamente diferente a millares, pues desgarré mi interior; impulsado por los instintos, atravesé la papilla de lo cómodo porque sabía que solo más allá empezaría la vida. Tú viste cómo llegué, cómo me arranqué los harapos del cuerpo y me até la cinta ondeante en el cuello para formar una firme corbata. Gradualmente me fui educando en la forma que un ser humano superior necesita en la vida social.

Sybil.—La lucha nunca cesa. En el siguiente peldaño, en el más alto, está el más fuerte, el enemigo mortal al que o vences o te destruye.

Christian.—Eso está pensado a la manera proletaria. Aún tienes que recorrer generaciones hasta intuir la verdad.

Sybil.—Y sin embargo fui yo quien le enseñó…

Christian.—¡A no comer el pescado con el cuchillo, a no hurgarme los dientes con el palillo! No has dado un paso más allá de lo externo. Tu ropa es la ropa de una mujer de mundo.

Pero, desde que la vistes, ¿se ha convertido en algo consustancial a ti?

SYBIL.—Esa no era mi meta.

CHRISTIAN.—Resentimiento.

SYBIL.—Y tú, porque has decidido traer de vuelta a tus padres…

CHRISTIAN.—Los amo.

SYBIL.—Porque de repente en el mundo hay ejemplos de progenitores humildes.

CHRISTIAN.—¡Los idolatro!

SYBIL *(se ríe).*—Porque ahora es elegante. Un hijo amoroso jamás permitiría…

CHRISTIAN.—¡Ni una palabra más!

SYBIL.—Que tus nuevos círculos se embriagasen con la magnífica capota de paja de tu madre, con las botas engrasadas de tu padre. Tu primera acción, protegerlos a ellos de la degradación y a ti de la humillación, fue el más tierno cuidado para con ellos y muy inteligente, como demuestra tu éxito.

CHRISTIAN.—He ganado dinero y ya no tengo que guarecerme de las penurias de la vida. Por fin puedo hacer un alto y observar los bienes terrenales. El primer lujo que se permite un hombre rico es su familia.

SYBIL.—Tu padre, tu madre no son artículos de lujo. Si realmente los amas, practica tu culto de puertas para dentro. Pero no los sacrifiques a la vanidad de que a tu lado todo ha de ser como lo prescribe el buen tono. Quieres casarte con la condesa. Hazlo. Pero no le des con tus padres un símbolo con el que pueda juzgarse. Aléjalos de ella como algo misterioso.

Tienes muchas cosas que nadie más posee, no necesitas tener también padres.

CHRISTIAN.—Estoy como loco con la idea. Todo mi poder económico, toda mi influencia la aplicaré al máximo para hacer respetar a mi padre. ¡Ni una palabra en contra! ¡Lo quiero! Estas son cosas para las que en ti falta toda predisposición, pues desde tu nacimiento todo en ti ha sido azar.

SYBIL.—Te gustaría abrir un abismo entre nosotros.

CHRISTIAN.—Hace tiempo que ya existe. En pensamiento y obras. Somos extraños. ¡Vete!

SYBIL.—¿De verdad tan extraños, joven? ¿No fuiste tú quien me cogió veinte marcos?

CHRISTIAN.—Estás soñando. Yo soy quien te pagó y quien en este momento te finiquita. Ahórrate las palabras.

SYBIL.—Solo una, por mi vida, que te caracterizará y expresará cuán vil me pareces.

CHRISTIAN.—Encuéntrala en casa. Si me desfiguras ante tus propios ojos con sospechas como las que acabas de expresar, destruirás el recuerdo de tu gran pasión. Pero eso es asunto tuyo. Si te atreves a expresarlo ante otros, los tribunales caerán sobre ti con total severidad.

Sybil está de pie ante él, clava en él la mirada y sale rápidamente.

ESCENA SÉPTIMA

CHRISTIAN.—Por fin. Este puente demolido en orillas que ya nadie ve. Intentos de un embrión de humanidad de desviarte

41

con retórica de tu naturaleza y tus conclusiones necesarias. *(Ha cogido un florete y hace ejercicios de esgrima.)* Pero como conoces bien los colores de tu temperamento, no palidezcas ante ti mismo, haz de ti una imagen, una figura potente y no pienses en la leyenda que le pondrán los espectadores. *(Como llaman repetidamente a la puerta, va a abrir.)* ¿Quién es? *(Después de un momento, se oye fuera su grito.)* ¡Madre!

Escena octava

Entran Theobald Maske, de luto, y Christian.

Theobald *(tras una pausa durante la cual Christian solloza apoyado en la puerta).*—El destino de todos y, con todo, inescrutable. Ahora hay que mirar a las cosas de frente. Si no hubiese llegado como un relámpago, te habría preparado. Pero ella siempre fue dada a lo sorprendente y así lo ha sido también con la muerte.

Christian.—Debemos traerla aquí y con la debida ceremonia…

Theobald.—También eso es, desde ayer, pasado.

Christian.—¡Ni siquiera me llamaste para eso!

Theobald.—¿Para qué molestarte? Y tampoco sabía si te vendría bien. La inhumación es en cualquier caso un asunto oficial. En cuanto se dio cuenta, durante la velocísima catástrofe, lo que significaba para ella, susurró: que Christian no lo sepa. Por lo tanto, justo lo que ella quería. ¿Tienes frío? *(Christian sale.)* Le ha causado una fuerte impresión. Mira tú.

CHRISTIAN *(regresa con un traje negro en el brazo. Durante la siguiente escena, se cambia, en parte, detrás de un biombo).*—Ahora puedes contármelo.

THEOBALD.—Es breve. Estaba sentada en su banco, bebía café como solía hacerlo, siempre con el azucarillo en la lengua. Tenía calor, dijo, y se dejó caer.

CHRISTIAN *(conteniendo los sollozos).*—¿Ninguna enfermedad antes, ningún dolor?

THEOBALD.—Nada.

CHRISTIAN.—¿Cómo vivió los últimos días? ¿Estaba feliz?

THEOBALD.—Siempre se tenía la misma impresión: es la misma Luise.

CHRISTIAN.—¿Cuál era tu actitud hacia ella después de aquel percance?

THEOBALD.—Nunca llevé las cosas demasiado lejos; todo, llevado a cabo con parquedad y regularidad, permaneció oculto para ella.

CHRISTIAN.—¿No rompiste entonces con aquella mujer?

THEOBALD.—Para mí era demasiado fantástica para eso. Lo dejé para más tarde. Así quedó, sin inflar, intrascendente, y se integró en el curso de las cosas. Gracias a mí, tu madre tuvo al final días agradables y tranquilos.

CHRISTIAN.—Me pondré en contacto con el arquitecto y un escultor para que hagan un monumento funerario digno. A nadie puedo expresar qué unido estoy a ella. Quizá el artista encuentre la expresión para ello.

THEOBALD.—Quizá.

Pausa durante la que Christian aún da señales de su dolor y termina de vestirse de luto.

CHRISTIAN.—Qué desconsoladora cadena de acontecimientos. Hoy habríais encontrado en casa el telegrama que os convocaba para las más felices confidencias.

THEOBALD.—¿Nos has telegrafiado?

CHRISTIAN.—Os esperaba con impaciencia.

THEOBALD.—¿Qué ha pasado aquí?

CHRISTIAN.—Si hubieses venido unas horas más tarde, habrías encontrado a tu hijo comprometido.

THEOBALD.—¡Fíjate! ¿Es guapa la muchacha?

CHRISTIAN.—Es... condesa.

THEOBALD.—¡Christian! ¿De dónde has sacado el valor?

CHRISTIAN.—¿Hace falta valor?

THEOBALD.—Cada uno a su manera, pero pienso que has adquirido un poco de la mía. Has dado un gran salto.

CHRISTIAN.—Más allá y muy por encima de nosotros, padre.

THEOBALD.—Es tremendo. ¿Y la otra?

CHRISTIAN.—¿Eso es todo lo que tienes que decirme sobre el asunto?

THEOBALD.—¡Para alguien como yo, todo esto cae como una bomba!

CHRISTIAN.—En un desarrollo completamente natural, una consecuencia lógica.

THEOBALD.—Yo, un funcionario subalterno; tu madre, hija de un sastre... Tiene algo de acto violento en sí. Y el padre, conde, toda la parentela... ¡Joven, estás loco!

CHRISTIAN.—¿Dónde está el absurdo?

THEOBALD.—Esto es más descabellado que todas las comedias del mundo. Estás haciendo el ridículo. ¿Es que ya no tienes ninguna consideración? Jamás he visto a un conde en persona. ¡Es que no es posible acercarse a ti sin que lo pongas todo patas arriba! ¡Repito! Un subalterno jubilado.

CHRISTIAN.—Eso es una tontería.

THEOBALD.—¡Una desgracia es lo que es! ¿Cómo te atreves a hacerme esto? La gente me señalará con el dedo.

CHRISTIAN *(confuso)*.—Pero…

THEOBALD.—¡Los Seyffert! Tu madre ya era una persona extravagante. Me voy a volver loco. No me había irritado de esta manera ni cuando te portabas mal, ni siquiera por la muerte de mi mujer.

CHRISTIAN.—Pero, padre…

THEOBALD *(cada vez más excitado)*.—Quieres aparear al ratón con la jirafa, caminar por el alambre, ¡esto ya es anormal! Tu madre se me murió con sesenta años, estaba acostumbrada a ella, ha sido un golpe, pero al final uno se refugia en la naturaleza de las cosas. ¡Pero un Maske, aquí ciertamente uno, el bien conocido Theobald, y toda una familia de condes! Es para perder la cabeza. *(Resignado, Christian ha cogido el florete. Theobald ya completamente fuera de sí.)* ¿Quieres matarme? Prefiero seguir siendo un funcionario normal y corriente a caer víctima de la diversión general. ¿Ya no recuerdas nada de tu juventud? ¿Nuestras pequeñas habitaciones y el canario, cómo cruzábamos el foso arrastrando los pies y cómo tú, a nuestro lado, tenías que saludar con reverencia al señor secretario municipal? Pero qué es un secretario municipal al lado de un conde.

CHRISTIAN *(ansioso)*.—Escúchame…

THEOBALD.—¿Y quiénes somos en el escalafón? ¡Que no me vuelva loco!

CHRISTIAN.—Me resulta incomprensible tu terrible excitación.

THEOBALD.—¿Y las consecuencias? ¿No se te han ocurrido las inmediatas y funestas consecuencias que hasta un niño ve? Cuando nos enviaste, ancianos, al extranjero, eché espumarajos de cólera; pero poco a poco, con la ayuda de Luise, vi en ello una cruel razón, el sentido más elevado del trato para ti, aunque no para mí. Y como por lo demás no te faltaba nada y dejaste vivir a la otra parte, me apacigüé. *(Se levanta de un salto.)* Y ahora te atreves a…

CHRISTIAN.—He de interrumpirte. Incluso antes de pensar en este matrimonio, se apoderó de mí un deseo que desde el momento de nuestra separación se fue haciendo cada vez más fuerte en mi interior. De ahora en adelante pensé, desde que se decidió lo contrario, en vivir con vosotros en una más estrecha comunidad. Quería pedirte que sopesases la posibilidad de mudarte aquí.

THEOBALD *(se deja cae en una silla)*.—¡Eso es formidable!

CHRISTIAN.—Tú…

THEOBALD.—¿En serio?

CHRISTIAN.—Completamente. No podía prever este grado de aversión por tu parte.

THEOBALD.—¡¿En serio?!

CHRISTIAN.—No entiendo.

THEOBALD *(yendo hacia él)*.—¿Cómo?

CHRISTIAN *(retrocede involuntariamente)*.—No entiendo…

THEOBALD.—¿Aún no?

CHRISTIAN.—Es decir, entiendo lo que quieres decir. Pero tus reparos me parecen exagerados… en parte.

THEOBALD.—¿Exagerados?

CHRISTIAN.—Por otra parte…

THEOBALD.—¡¿Exagerados?!

CHRISTIAN *(intimidado)*.—Por otra parte, naturales… si de verdad… Dios mío, habría que renunciar al deseo más querido… con el corazón apesadumbrado. Pero en tu asistencia en la boda insisto bajo cualquier circunstancia.

THEOBALD.—La respuesta a eso: o simplemente haces esta propuesta de manera cándida, y entonces digo: querer ver a tu padre participar como un payaso en esta broma es inmoral. Pasar la pena de baquetas por la iglesia con mi atuendo y del brazo de una condesa, después como hombre del pueblo sentado ridículamente a la mesa…

CHRISTIAN.—¡Padre!

THEOBALD.—Gracias. O quieres vengarte vilmente de mí, porque en tu juventud dejé sentir sobre ti mi poder paterno, humillando ahora ante todo el mundo mi amor propio; pero quizá esta invitación no sea sino un emplasto por la muerte de la madre. ¡No, Christian, por el amor de Dios, no! Haz por mí lo que has hecho hasta ahora y yo estaré satisfecho, y si quieres más, piensa cuidadosamente lo que pretendes. Pero, en cualquier caso, tienes que ponerme en tu plan de vida como una cierta magnitud que quiere tener nada que ver con estas cosas pero que bajo ninguna circunstancia desea molestarte lo más mínimo. Por eso antes subí por la escalera trasera. Y ahora voy a comprarme algo de ropa.

CHRISTIAN.—Por supuesto, mi sastre, mis proveedores…

THEOBALD.—No son para la gente como nosotros. Tengo otros recursos. Y por la noche vuelvo a casa. *(Coge el sombrero y el bastón.)*

CHRISTIAN *(ansioso)*.—Deberías quedarte al menos un par de días.

THEOBALD.—¡No debería! Déjate de disparates. ¿Por qué no hablas conmigo con el tono sensato de siempre? Sin ser visto desapareceré por el camino por el que he venido, no necesitas llevarme. Comeré algo en la taberna más cercana. Y si alguna vez vienes a ver la tumba, me alegraré. Por lo demás, dejando a un lado estos desatinos, eres un buen tipo; vive y deja vivir.

ESCENA NOVENA

CRIADO *(entra)*.—¡El conde Palen!

CONDE *(lo sigue inmediatamente)*.—Marianne, siguiendo un hermoso impulso, quería decírselo ella misma… Estaba muy feliz… profundamente dichosa… *(Theobald había intentado escabullirse.)* Presénteme, por favor.

CHRISTIAN *(en extrema confusión)*.—Mi padre…

CONDE.—*Tiens.* ¡Ah…! No… Muy grato. Conde Palen. ¡Encantado! *(Le tiende ambas manos a Theobald.)* Y yo que pensaba… ¿Cómo se me ha podido ocurrir? Pensaba que nuestro amigo era huérfano… *(Se ríe.)* ¡A fe! Pues mucho más grato. Encantador.

CHRISTIAN.—Mi padre, recién llegado de Zúrich, donde vive, me ha anunciado la muerte de mi madre. Así que gano a

Marianne en el momento adecuado. *(Se hunde en el pecho del conde.)*

CONDE.—Mi más sincero pésame. *(A Theobald.)* También a usted, estimado señor.

THEOBALD *(hace una inclinación)*.—Gracias, señor conde.

CONDE.—No puedo aconsejar nada mejor: apresúrese a ir con su novia. Mientras tanto, quedarán juntos los viejos señores. *(A Theobald.)* ¿Ha comido ya? ¿No? ¡Vamos, pues! A la esposa, a una novia no puedo reemplazarlas, pero lo que logra una comida decente...

CHRISTIAN.—Mi padre quería regresar de inmediato.

CONDE.—Pero no le pediremos que lo haga.

THEOBALD.—En cualquier caso, hay comer hay que comer.

CONDE.—Insisto en que me lo permita. Entre condolencias y felicitaciones se nos pasará el tiempo rápidamente. Su hijo ya lo ha mantenido demasiado tiempo en secreto; con una botella de Burdeos nos olfatearemos mutuamente.

THEOBALD.—Olfatearse... Eso está bien.

CONDE.—¿No se dice así?

THEOBALD *(se ríe)*.—Yo lo diría así, señor conde.

CHRISTIAN *(siseando, a Theobald)*.—¡Conde! *(Al conde.)* Mi padre quiere regresar a casa sin falta en el tren del mediodía.

CONDE *(enérgico)*.—¡Pero déjelo ya! El hombre tiene antes de nada que tomar una buena comida. Y todo lo demás se arreglará después. ¡Venga!

Salen el conde y Theobald.

CHRISTIAN.—¿Qué tono es ese que de repente ha empleado? ¿He cometido un error? *(Junto a la ventana.)* ¿Permite que
entre en el coche antes que él? Qué embarazosa cortesía. ¡He
cometido un error! Se ha dado cuenta de mi impotencia, de
mi vergüenza ante él. ¿Me he puesto rojo, pálido? *(Corre al
espejo.)* ¡Estoy temblando como una hoja! *(Salta a una silla
junto a la ventana.)* Le ofrece un puro. Se ríen de oreja a oreja. ¿De qué? ¿De mí? ¡Santo Dios, he cometido un terrible
error! ¿No quería alardear, no había jurado aquí mismo hace
cinco minutos que quería presumir de él, vanagloriarme de
él? Había tenido el único instinto correcto. Y ahora se lo dirá
a Marianne, le diré a toda la familia que yo quería renegar de
mi padre. ¿Acaso no puede afirmar que en el pasado lo declaré
por muerto? Pero eso se lo negaré en su cara. ¡Contramedi-
das! ¡Rápido! ¿Qué? *(Toca el timbre. Entra el criado.)* Prepare la
habitación de invitados. Ha llegado mi padre. El más atento
servicio para el anciano caballero. *(Sale el criado. Lo sigue hasta
la puerta.)* ¡Alto! ¿No sería mejor esperar a ver qué sucede?
Quizá aún se le pueda sacar de aquí sin demasiado alboroto.
¡No, no y finalmente no! Ya sabía esta mañana lo que se ha
demostrado: debo presentarlo de la manera más grandiosa,
como algo extraordinario. ¡Preparación de la escena de inmediato! ¡Prepararse desde la distancia! Y tiene que incluir a toda
la familia. En el caso de que ya no sea una catástrofe. *(Corre
por la estancia.)* ¿Qué estarán haciendo ante la botella de vino?
¿Qué le sonsacará al viejo? ¿Y si él, y si el otro se emborracha?
¡¿Por qué no fui con ellos?! *(Fuera de sí.)* ¡Por el amor de Dios!

¡Sí, por el amor de Dios! *(Grita.)* En lugar de seguir mi simple instinto infantil. ¡¡Podría darme una bofetada!!

TERCER ACTO

Salón de un hotel, ricamente engalanado con flores. Al fondo, una amplia cortina.

Escena primera

Entran Christian, con frac y medallas bajo el abrigo, y Marianne con vestido de novia bajo el chal.

CHRISTIAN.—Por fin aire, tranquilidad.

MARIANNE.—Estas flores. *(Junto a un ramo.)* De mi padre. *(Coge una tarjeta y lee.)* «Para mi ángel perdido, Marianne». Y aquí... ¡qué celestiales orquídeas! *(Lee.)* «De una desconocida».

CHRISTIAN.—¿Sí? Sentimental. De qué habrá hablado en la mesa sin parar con mi viejo padre. ¿Tú los oíste?

MARIANNE.—¿Quién será?

CHRISTIAN.—¿No te percataste? Ninguno hizo caso a sus compañeras de mes. La condesa corpulenta...

MARIANNE.—La tía Úrsula está casi sorda y se le cayó la mitad de la comida en la servilleta.

CHRISTIAN.—¿Quién era el sanjuanista que estaba dos asientos a tu derecha?

MARIANNE.—Albert Thüngen, primo de mi madre.

CHRISTIAN.—El granuja no dejó de mirarme como si fuese un fantasma y por eso no comió nada.

MARIANNE.—Tiene una auténtica cara de rana; por eso se llama Ranita.

CHRISTIAN.—Había curiosas decoraciones en la mesa. ¿Tienes la misma intimidad con la princesa como ella te trataba?

MARIANNE.—Nos criamos juntas durante siete años.

CHRISTIAN.—Siete años. ¿Os tutea?

MARIANNE.—Estamos emparentadas a través de nuestras bisabuelas, ¿no?

CHRISTIAN.—¿La archiduquesa?

DONCELLA *(entra)*.—¿Quiere su graciosa condesa cambiarse de ropa?

MARIANNE.—Ahora soy señora, Anna.

DONCELLA.—Bien, su graciosa condesa.

MARIANNE.—Déjate de condesa y tonterías. ¡Exijo respeto!

DONCELLA *(solloza)*.—Sí, señora.

MARIANNE.—¿Qué sucede?

DONCELLA *(inclinada sobre la mano de Marianne)*.—Es todo tan conmovedor; la señora ya no nos pertenece.

MARIANNE.—Ni yo a mí misma. Es el destino de las muchachas. El tuyo también.

Ambas salen a través de la cortina.

ESCENA SEGUNDA

CHRISTIAN *(corre a la cortina y escucha)*.—Esta Anna, cara de traidora. Lo que esta chusma doméstica capta y transmite tras las cerraduras…

VOZ DE LA DONCELLA.—… parecía sobrenatural. El señor pastor lloró…

Voz de Marianne.—… el viejo Jansen… ¡Tonterías!

Voz de la doncella.—… auténtico encaje de Bruselas… no, encaje de Bruselas con volantes amplios… Capullo de rosa…

Voz de Marianne.—… Ilse Zeitlow con satén azul celeste y cabello rubio…

Voz de la doncella.—… Se veía que enseñaba *(en voz baja)* los pechos a propósito.

Voz de Marianne.—¡Por Dios!

Risas sofocadas y después susurros.

Christian *(inclinándose para acercarse más).*—¡Ah! El cuchicheo como siempre y por doquier. Allí donde llego, mata la palabra. Susurrar y mirar al suelo.

Risas a ráfagas.

voz de la doncella.—… puntas del bigote.

Christian.—¡Ese soy yo! Aquel día fue mi Waterloo.

Voz de la doncella.—… un poco ridículo.

Voz de Marianne.—¡Silencio!

Christian.—¡Miserable! Ya lo he oído, Marianne. Pero esta noche entraré en el templo de tu corazón y confirmaré qué sabes. *(Más risas.)* Reíd ahora. ¡Alegría de ver sufrir! Abre, víbora, todas las válvulas de sus venas, porque después limpiaré a mi mujer hasta de la última molécula de tu veneno.

Voz de la doncella.—Fue demasiado gracioso.

Christian.—No tanto, mona, como crees, y esto aún no ha acabado. Mis contraminas están cargadas. Detonadas, su explosión sobrepujará todo lo que antes era ruidoso. *(Tras la cortina se ha hecho un completo silencio.)* ¿Silencio? ¿Qué les pasa ahora? *(Se arrodilla e intenta mirar por debajo de la cortina.)* Ropa interior, carne y gestos. Pero aquí es necesaria una palabra, la confesión de cuánto ha cotilleado el mundo sobre ti, empezando por el padre y terminando por este piojo. He ideado un plan tan ingenioso para sonsacártelo que te resultará difícil conservar un título. No cruzarás el umbral de mi nombre, mujer, hasta que no lo sientas con devoción y emoción.

La doncella *(entra)*.—¿Puedo ir a la maleta de la señora? *(Coge algo y desaparece a través de la cortina.)*

Christian.—Antes no me dejaron acercarme a ti, igual que se ocultaban. Pero hoy estás a mi merced para el examen. Con artimañas indagaré quién es mi peor enemigo en tu familia. Deberá quedar expuesto con todas sus vejaciones aunque tenga que forzar tu conciencia hasta el límite. *(Mira fijamente la maleta.)* ¿Qué te han metido en el equipaje? ¿Qué libros hay en la maleta? ¿Libelos? *(Saca un libro de la maleta.)* El Nuevo Testamento. ¿Qué puede haberse acumulado en lo profundo de las entrañas contra mí? Cuando llegue el momento, lo expondremos hasta el fondo.

Escena tercera

Theobald, con frac, asoma la cabeza por la puerta.

Christian.—¡Esto es inaudito!
Theobald.—Solo un momento.
Christian.—¿Para qué?
Theobald.—Cariño.
Christian.—Estás borracho.

THEOBALD.—En parte. Pero también estoy cariñoso. Durante todo el día quise darte un beso, pero no te atrapé. No repliques, granuja. Eres un artista y estoy completamente orgulloso de ti. Me has arrancado del alma toda reserva como si fuesen camisas de papel. Como vencedor, has pasado por alto mis opiniones y principios. Siempre he vivido según los dichos: zapatero, a tus zapatos, etcétera. Tú, sin embargo, a tu manera. Cómo has tratado hoy a esta gente, no como si fuesen tus iguales, sino como si estuvieras por encima; cómo te miraban llenos de insondable respeto, y cómo has metido en tu cama una pollita tan noble: eso ha avivado mi sangre burguesa. Me has ablandado; me hundo en tu pecho. *(Lo abraza.)*

CHRISTIAN.—Baja la voz, ella está ahí. ¿No estás borracho?

THEOBALD.—En parte. Pero lo que digo es verdad. En la mesa, cuando todo relucía con condecoraciones, era tu orgullosa cabecita…

CHRISTIAN.—¡Padre!

THEOBALD.—Orgullosa cabecita, mi querido joven, como digo. Nuestra madre tendría que haber estado allí. ¡Aurora, aurora fue mi sensación, quién lo habría pensado!

CHRISTIAN.—¿Entonces es verdad?

THEOBALD.—En ti, todo lo propio de los Maske está abrochado con un par de agujeros más. Veo cómo se desplaza hacia arriba en los goznes. Estoy completamente dentro de ti; calla. Ahora viene la confesión, algo venerable. Un padre no suele decirle eso a su hijo: estoy de más, desaparezco en el escotillón. Mis relaciones con el mundo, el más alto sentido para mí, eres tú. Quisiste alejarme. Ya antes lo habías pensado, pero me pareció una cuestión de violencia y hostilidad. Hoy es un asunto agradable y tranquilo: satisfacción mutua e ilimitada. Johanna se va y nunca regresará. Feliz me voy a Zúrich, al n.º16 de la gran Calle Real. Ahí vive Maske como funcionario retirado y observa con entusiasmo a su hijo.

CHRISTIAN.—¡Viene alguien!

THEOBALD.—Déjalos. Ahora somos uno y lo mismo. Sigue así y nada de errores… Sienten desconfianza, repugnancia, odio, etcétera; pero tienen un insondable respeto surgido de la incomprensión.

CHRISTIAN.—¿Qué estás diciendo?

THEOBALD.—Sobre la base de una gran borrachera general, me gané su confianza. Como la cinta del águila de los Hohenzollern la confundieron con la cruz de hierro, se abrieron hasta las entrañas.

CHRISTIAN.—¿Y el anciano? ¿El lapsus de aquel fatídico día?

THEOBALD.—Sin duda tenía sospechas y puede que siguieran perdurando en él. Pero hoy, en la sobremesa, de la misma manera que finalmente ardo por ti, a él también le alcanzó la llama. Además, la conmovedora paloma de ahí dentro ya había ablandado el corazón paterno. Capituló por completo.

CHRISTIAN.—¿Así que ya has terminado con ellos?

THEOBALD.—Se han ido. Y ahora agárrate fuete. No te sueltes. A mi manera, siempre tuve la convicción de la importancia de nuestra familia. Pero solo pude comunicarla a los más cercanos.

CHRISTIAN.—¡A mí!

THEOBALD.—Y tú nos llevas más allá.

CHRISTIAN.—Tensé el arco. En mis puños vibra la cuerda.

THEOBALD.—Para ella la primera flecha. Hasta el fondo.

CHRISTIAN.—Nos aferramos firmemente.

THEOBALD.—Hasta el tuétano.

CHRISTIAN.—Me juego el triunfo. ¡El triunfo!

THEOBALD *(mira a través de la cortina).*—¡Mis respetos!

CHRISTIAN.—¿Eh?

THEOBALD.—¡Je, je!

Se ríen y se abrazan.

CHRISTIAN.—Maske for ever!

THEOBALD.—Fonema, o algo así. ¡Cuestión de sangre! *(Salta hasta la puerta de salida y lanza besos con la mano. Sale.)*

CHRISTIAN.—Aquí se alzaba la vida en la cumbre de un espectáculo. Se ha logrado un objetivo. Contrición del enemigo, reverencia al vencedor. Salida por el medio. Pero todavía hay algo más importante: una prueba de hasta qué punto realmente se ha hundido el entorno más próximo; y entonces la mujer, lo más importante de todo, debe celebrar en esta solemne noche una reverencia ilimitada. Tiene que caer completamente rendida ante mí.

ESCENA CUARTA

MARIANNE *(entra vestida con un* négligé*).*—¿Te gusto?

CHRISTIAN *(aparte).*—Eso ahora no importa.

MARIANNE.—Los encajes tienen una tierna historia. Mi madre las llevó en la noche respectiva de su vida.

CHRISTIAN.—Sin comparación.

MARIANNE.—Yo… ¿con nadie de tu pasado? Dímelo todo. No deberías tener secretos para mí. ¿Qué número hago yo, y cuál fue especial? ¿Hay en ti todavía un pensamiento, una pizca de otra?

CHRISTIAN.—¡Qué lenguaje! ¿Cómo voy a razonar así?

MARIANNE *(con los brazos alrededor de su cuello).*—Una vez me gustó un alférez; yo solo tenía dieciséis años. Blanco y rosado, con bigote rubio; no sabía nada más de él.

CHRISTIAN.—¿Qué sabes de mí?

MARIANNE.—Cierro los ojos: eres grande y moreno, tienes miembros anchos y te balanceas al caminar.

CHRISTIAN.—¿Es eso verdad? *(Se pone delante del espejo y da unos pasos.)* En todo caso se podría hablar de un paso oscilante. El ritmo está en el movimiento.

MARIANNE *(se ríe alegremente).*—¿Y yo cómo camino? *(Se sube el salto de cama y camina a pasitos cortos.)*

CHRISTIAN.—¿Qué más? ¿A qué me dedico?

Marianne.—A los negocios.

CHRISTIAN.—¿De qué tipo?

MARIANNE.—Banca. ¿Importa?

CHRISTIAN.—Con treinta y seis años soy el director general de nuestro mayor grupo económico. Controlo un quinto de la riqueza nacional.

MARIANNE.—*Tiens!*

CHRISTIAN.—Esa palabra es de tu padre. ¿Te habló de mis asuntos?

MARIANNE.—Poco más que eso.

CHRISTIAN.—Poco más que eso. Eso es todo.

MARIANNE.—Estoy cansada.

CHRISTIAN *(aparte)*.—Invitación a la danza. *(En voz alta.)* Demasiado pronto. ¿No soy para ti un auténtico extraño, ya que tu padre nunca te habló en serio sobre mí? ¡Nunca! ¡Piénsalo! ¿No volvió un día a casa en un estado de febril excitación? ¡Haz memoria!

MARIANNE.—Nunca lo he visto febrilmente excitado.

CHRISTIAN.—¡Así que de verdad no! En resumen, es un mérito que un hombre tan joven ocupe un puesto así. Como si alguien con treinta y seis años fuese general.

MARIANNE.—Eso puede serlo como mucho un príncipe. *(Se sienta en su regazo.)*

CHRISTIAN.—¿O?

MARIANNE.—¿Quién?

CHRISTIAN.—Piénsalo.

MARIANNE.—No sé.

CHRISTIAN.—El hombre genial. Querían solicitar a lo largo de este año a cuarenta y una empresas la emisión de nuevas acciones por un importe total de alrededor de tres cuartos de mil millones de marcos. A eso dije que estaba en contra por las siguientes razones: por estos setecientos cincuenta millones no ofrecería al público principalmente tesoros descubiertos, sino el producto del esfuerzo de alrededor de medio millón de personas que animaría al país a producirlos. El capital social de las empresas industriales consiste principalmente, y el censo en general, solo en la masa humana y en el resultado de su trabajo. ¿Lo entiendes?

MARIANNE *(aún en su regazo)*.—Lo intento.

CHRISTIAN.—¡Atención! Si no hay trabajo, las masas obstruirán el aparato productivo. Si crecen nuevas chimeneas, se abre apresuradamente la válvula. Así que nosotros, los capitanes, dije, tenemos la llave de paso de la densidad poblacional y debemos asegurarnos de que el capital producido no anticipe la necesidad natural de crecimiento, sino que la equilibre. ¿Entiendes?

MARIANNE.—Creo que sí.

CHRISTIAN.—Más bien, tenemos que asegurar una mejor calidad a través de la desaceleración del ritmo de la producción humana. Ahí tienes una pequeña imagen de cómo practico la economía política. *(La ha apartado de su regazo y camina erguido por la habitación.)* ¿Eh? Eso es genial, habría dicho Helmholtz. *(Coge a Marianne por un botón de su ropa y la sacude suavemente mientras la mira a los ojos.)* Aún podría citar otra resolución mía igualmente fabulosa sobre la cuestión de la reducción de la tarifa de tercera clase en nuestras navieras. Los hombres son miopes, en las manos de unos pocos está el destino económico de millones.

MARIANNE.—¿Tan rico eres?

CHRISTIAN.—Un término para tenderos. Tengo poder de hacer cualquier cosa imaginable gracias a la fuerza de mi sangre. Ya has visto a mi padre. ¡Personalidad! ¿Cómo? Ya se marcaban ostensiblemente también en él las características especiales de la raza. Nada superfluo, todo sumamente útil. ¿Te fijaste en cómo, entre todos los demás, cogió la copa? Lástima que no hayas conocido a mi bisabuelo. Un excéntrico… ¡pero…! Así que todo viene de mis antepasados, pero solo ahora ha encontrado en mi persona la expresión adecuada.

LA DONCELLA *(entra).*—¿No querría la señora poner los brillantes a buen recaudo? Aquí, en el hotel… ¿El señor, quizá? *(Christian coge una diadema en forma de corona.)* Buenas noches. *(Sale.)*

CHRISTIAN.—Qué forma tan curiosa.

MARIANNE *(se la pone).*—Una corona de marquesa. El legado del que proviene, para que las mujeres de nuestra familia lo lleven el día de su boda, era el de una marquesa d'Urfé, tía abuela de mi madre.

CHRISTIAN.—Bien. ¿Qué estaba diciendo? Pero tengo una sorpresa para ti.

MARIANNE *(aplaudiendo).*—¡Muéstramela!

CHRISTIAN.—Date la vuelta un momento mientras la desempaqueto y la preparo.

MARIANNE *(de espaldas).*—Uno, dos, tres…

CHRISTIAN *(descubre un cuadro envuelto en un paño que estaba apoyado en la pared y lo coloca delante de sus piernas).*—Mira ahora.

Marianne ve el retrato de una mujer.

CHRISTIAN.—Mi madre, Marianne, que en el día de hoy también quiere mirarte cara a cara. Mi madre, que amaba fervorosamente a su hijo.

MARIANNE.—¡Qué rostro tan distinguido!

CHRISTIAN.—¿Verdad? Pintado por Renoir.

MARIANNE *(vuela al cuello de Christian).*—Quiero amarlo más que a mí misma, a tu hijo, mi Christian.

CHRISTIAN.—Con cuidado; no dañes una obra de arte como esta. *(Ha apoyado el cuadro contra una mesa).*

MARIANNE.—Ese pelo castaño y espeso. Tu color. ¡Y qué tez!

CHRISTIAN.—Provenía de una familia de campesinos con siglos de antigüedad. Se especula con cosas de vikingos. Mira la magnífica joya familiar, el coral rojo en la oreja. Uno de sus ancestros fue alguacil en Dalarö, en el archipiélago sueco. Existe una anécdota de su encuentro con Carlos XII.

MARIANNE.—¡Qué pelo tan maravilloso!

CHRISTIAN.—Suelto, llega hasta las corvas. Renoir la vio un día en el Bois de Boulogne. La decisión de pintarla debió de tomarla al instante.

MARIANNE.—Es comprensible.

CHRISTIAN.—¡Pero la ocasión! Eso fue lo mejor de todo. Ahora, abre tus orejitas, aquí viene lo más gracioso del mundo. Padre y madre, por lo tanto, en el Bois, después de un reconfortante desayuno en las cascadas, paseando. No había faltado una botella de Borgoña. De repente, la mujer se queda clavada en el sitio, inmóvil. Padre, con el sombrero de copa gris puesto con desenfado en la cabeza –me ha descrito con frecuencia la situación–, llama, hace señas… Ella no se mueve.

MARIANNE.—¿Qué le pasaba?

CHRISTIAN le susurra al oído.

MARIANNE *(con una gran risa alegre)*.—¡Las bragas! ¡Pero esto es encantador! ¡Divino!

CHRISTIAN *(con una carcajada)*.—¡Y ahora Renoir! ¿Te lo imaginas? Me lo ha contado muchas veces. Entusiasmado, completamente entusiasmado. Tuvo que ser una visión para dioses.

MARIANNE.—La encantadora mujer así a plena luz del día.

CHRISTIAN.—En resumen. Se abrió paso hasta la joven *menage* y, con él, un vizconde francés que también había visto la escena.

MARIANNE.—¿Cuándo fue eso?

CHRISTIAN.—Quizá un año antes de que yo naciese.

MARIANNE.—Cómo la experiencia personal te acerca a la gente. Ahora los conozco mucho mejor. Para tu padre la situación no fue muy agradable.

CHRISTIAN.—Siempre fue y sigue siendo un *bon garçon* al que le gusta lo apetitosamente cómico. Adoraba a su joven esposa y también estaba igualmente cautivado por el encanto de la imagen.

MARIANNE.—Excelente gusto para la ropa.

CHRISTIAN.—En eso era una maestra.

MARIANNE.—¡Una hermosa moda! Qué elegante la capota. Y todas las mujeres divinas que vestían así están muertas.

CHRISTIAN.—He dispuesto que le erijan un monumento en Buchow. *(Cuelga el cuadro en la pared.)*

MARIANNE.—¿Has comprado la propiedad?

CHRISTIAN.—La voy a comprar. Sobre todo para este propósito. La mujer era tan extraordinaria que tiene derecho a este honor.

MARIANNE.—Qué equivocada estaba con los tuyos hasta este momento. Solo ahora tengo de ellos una idea correcta. Posees el don de describir vívidamente a la gente.

CHRISTIAN.—Expresado con mayor precisión, se llama la capacidad de formar conceptos. Lo que suele salir de la boca de los hombres son palabras, solo palabras.

MARIANNE.—Necesito de nuevo a Anna.

CHRISTIAN.—¡Otra vez la doncella!

MARIANNE.—No puedo abrir el vestido por la espalda.

CHRISTIAN.—Trae. *(Empieza a buscar los ojales.)* Palabras que dos cerebros no entienden de la misma manera y, por lo tanto, a través de las cuales tampoco es posible comunicarse plenamente de persona a persona. *(Marianne bosteza.)* La razón pura separa grupos estructuras similares del mundo de fenómenos o de la voluntad en una expresión que fija el complejo en su esencia y que se denomina 'concepto'.

MARIANNE *(bosteza)*.—¡Ajá!

CRISTIAN *(abotona)*.—Eso es superación de la multiplicidad. ¿También la camiseta interior?

MARIANNE.—Por favor.

CHRISTIAN.—En general, Marianne, y ahora escucha atentamente: toda acción que ejecuta el espíritu humano al final solo quiere una cosa: orientarse a través del inmenso ámbito del mundo circundante superando la multiplicidad. Así: haya, roble, en cuyo nombre la propia multiplicidad ya está conquistada de antemano, son, en última instancia, bosque. *(Ha terminado con los botones.)*

MARIANNE.—Gracias. *(Pone el pie en una silla y desabrocha las botas.)*

CHRISTIAN.—Un cretino haría el chiste: los árboles no dejan ver el bosque. *(Marianne traviesa la cortina y entra en el dormitorio.)* ¿A dónde vas? Cuando debería decir: el bosque no deja ver los árboles. *(La ha seguido y se queda junto a la cortina.)* Si entiendes eso, tienes toda la epistemología en el bolsillo. *(Vuelve al frente y dice hacia atrás:)* En cualquier caso, una muestra de cómo trabaja un cerebro como el mío, ¿eh?

(Se frota las manos; aparte:) Ça marche ce soir. (Se queda delante del cuadro y dice, profundamente emocionado:) ¡Mi buena madre! *(En voz alta.)* Cuando era una muchacha, hizo un viaje con unos amigos a Estados Unidos y regresó pasando por las islas del Mar del Sur y Asia. En Honolulu, el rey Kalakaua se enamoró perdidamente de ella. *(Se oye cómo detrás de la cortina alguien se mete en la cama.)* Eso fue en 1880 o 1881. *(Se quita las botas y, a continuación, el abrigo, de manera que de repente aparece con el brillo de sus condecoraciones. Levanta los brazos y mira a su alrededor como si estuviese esperando.)*

Pausa.

Voz de Marianne.—¿Qué le pasó al vizconde?

Christian.—¿Qué vizconde?

Voz de Marianne.—El que presenció la historia en el Bois de Boulogne y conoció a tus padres.

Christian.—¡Ah, el vizconde! Sí... el... *(Se queda paralizado delante del cuadro de la madre.)*

Pausa.

Voz de Marianne.—¿Qué fue de él?

Christian *(aparte).*—¡Maldición! *(Camina por la habitación y pasa por delante del espejo.)* Hum.

Marianne.—¿Es un secreto?

Christian *(aparte).*—Si supiera... Pero por supuesto... ¡Ah, Dios! ¡Este es el momento en el que te atrapo, te abairé por completo, condesita! *(Va a la cortina y susurra.)* ¡Marianne!

Marianne *(con voz ansiosa).*—¡Voy! *(Aparece con una bata que se ha echado por encima).*

Christian.—Veo al destino en tu súbita pregunta.

Marianne.—¿Pero qué he dicho?

CHRISTIAN.—El vizconde, qué fue de él.

MARIANNE.—¿Sí?

CHRISTIAN.—Nunca habría abierto la boca.

MARIANNE.—¡Christian! ¿Qué pasa?

CHRISTIAN.—¡Imposible! ¡Jamás!

MARIANNE.—¡Christian! Soy tu mujer… ¡Tengo derecho…!

CHRISTIAN.—También soy un hijo.

MARIANNE.—Tienes deberes para conmigo.

CHRISTIAN.—También vergüenza y respeto por la madre.

MARIANNE.—¿Aquel…?

CHRISTIAN.—No me sacarás ni una palabra.

MARIANNE.—Entonces… ¡¿El vizconde…?!

CHRISTIAN *(enérgico)*.—Y te prohíbo para el resto de nuestra vida tocar ese tema; que nadie, jamás, incluyéndome a mí, intuya lo que sospechas, lo que piensas. ¡Me llamo Maske, y basta!

MARIANNE *(conmocionada)*.—¡Cielo santo! Por supuesto que guardaré silencio. Pero cómo te vea de ahora en adelante es asunto mío. *(Suavemente.)* Y es como si entre nosotros cayese un último muro, como si solo ahora me sumiera sin trabas en ti. *(Con los brazos extendidos ante el cuadro.)* ¡Dulce madre adúltera! *(A Christian, echándose lentamente a sus pies.)* ¡Mi querido esposo y señor!

Sonrisa de Christian y gran gesto de liberación.

FINIS.

Este libro se publicó
el mes de julio
del año 2025

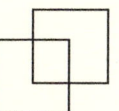